BEI GRIN MACHT SICH IHR WISSEN BEZAHLT

AF141229

- Wir veröffentlichen Ihre Hausarbeit, Bachelor- und Masterarbeit

- Ihr eigenes eBook und Buch - weltweit in allen wichtigen Shops

- Verdienen Sie an jedem Verkauf

Jetzt bei www.GRIN.com hochladen und kostenlos publizieren

Dienstleistungen und Service Management

Saskia Haschke

Bibliografische Information der Deutschen Nationalbibliothek:

Die Deutsche Nationalbibliothek verzeichnet diese Publikation in der Deutschen Nationalbibliografie; detaillierte bibliografische Daten sind im Internet über http://dnb.d-nb.de abrufbar.

ISBN: 9783346800480
Dieses Buch ist auch als E-Book erhältlich.

Das Buch bei GRIN: https://www.grin.com/document/1278543

Einsendeaufgabe:

Dienstleistungsmarketing

Abgegeben am: 10. Dezember 2019

Modul: Dienstleistungen und Service Management (Wahlmodul: 5./6. Semester)
Studiengang: Betriebswirtschaft und Management (B.A.)

von
Saskia Haschke

Inhaltsverzeichnis

(Alternative D)

Abkürzungsverzeichnis..3

Tabellenverzeichnis...4

Aufgabe 1 5

A 1.1 Die Bedeutung von Kundenbindung im Dienstleistungsmarketing 5

A 1.2 Was kann man im Rahmen des strategischen und operativen
Dienstleistungsmarketings unternehmen, um Kundenbindung
herzustellen? 6

A 1.3 Wo liegen die Grenzen von Kundenbindungsmaßnahmen? 10

Aufgabe 2 12

Psychologische Erklärungsansätze im Dienstleistungsmarketing: Worauf
sollte man bei der Vermarktung von Versicherungsdienstleistungen
besonders achten? 12

Aufgabe 3 18

Erläuterung der Merkmale und Besonderheiten von Dienstleistungen am
Beispiel einer Gesundheitsdienstleistung 18

Literaturverzeichnis..22

Abkürzungsverzeichnis

bzw.	beziehungsweise
ca.	circa
etc.	et cetera
o. ä.	oder ähnlich
o. J.	ohne Jahr
u. a.	unter anderem
Vgl.	Vergleich
z. B.	zum Beispiel

Tabellenverzeichnis

Tabelle 1:

S-O-R-Schema am Beispiel der Versicherungsdienstleistung 12

Tabelle 2:

S-O-R-Schema am konkreten Beispiel eines Versicherungs-Werbespots 13

Aufgabe 1

Alle Teilaufgaben in Aufgabe 1 werden am Beispiel von Bankdienstleistungen erläutert, die zu den sogenannten Finanzdienstleistungen gehören.[1]

A 1.1 Die Bedeutung von Kundenbindung im Dienstleistungsmarketing

Der Begriff "Kundenbindung" bezeichnet Maßnahmen, die über die Kundenorientierung und über die reine Zufriedenstellung des Kunden hinausgehen.[2] Die Anbieter von Dienstleistungen oder Produkten nutzen diese speziellen Maßnahmen, um die Kunden einerseits auf lange Sicht an das Unternehmen zu binden sowie andererseits positive Nebeneffekte zu erwirken. Das übergeordnete Ziel der Kundenbindung ist die langfristige Kundentreue, denn wenn ein Kunde sowohl zufrieden als auch überzeugt von den Leistungen oder Produkten eines Anbieters ist, dann wird er nicht nur zum Stammkunden, sondern macht für gewöhnlich kostenlos Werbung, wenn er seinen Freunden, Kollegen, der Familie etc. von seinen positiven Erfahrungen berichtet.[3]

Die Kundenbindung ist aber vor allem deshalb so wichtig, da sie maßgeblich über Erfolg oder Misserfolg eines Unternehmens entscheiden kann. Das Ziel, die Kunden langfristig an einen Anbieter zu binden, wird in naher Zukunft besonders für Dienstleistungsunternehmen noch bedeutsamer werden. Denn gerade in vielen Dienstleistungsbranchen steigt die Wettbewerbsintensität weiter an. In erster Linie haben es natürlich neue Dienstleister, die sich ihren Kundenstamm erst noch aufbauen und dazu kostspielige Akquisition betreiben müssen, sehr viel schwerer als bereits bestehende Anbieter. Jedoch müssen sich auch die langjährigen Anbieter immer wieder aufs Neue um ihre Stammkunden bemühen und aus diesem Grund ein besonderes Augenmerk auf die Vermarktung ihrer Dienstleistung bzw. auf das eigene Dienstleistungsmarketing legen.[4]

Auch in den eher klassischen Dienstleistungsmärkten, wie beispielsweise der Finanzdienstleistungsbranche, der Tourismusbranche oder den Verkehrsbetrieben, steigt die Wettbewerbsintensität kontinuierlich an. Ein Grund dafür ist,

---

[1] Vgl. *Reichhard* (2019), S. 40
[2] Vgl. *Vertical Media GmbH* (o. J.)
[3] Vgl. *Onpulson.de GbR* (o. J.); Vgl. *Vertical Media GmbH* (o. J.)
[4] Vgl. *Bruhn/Meffert/Hadwich* (2019), S. 1019; Vgl. *marketing-BÖRSE GmbH* (2013)

6

dass Dienstleistungen infolge ihrer Immaterialität, die in Aufgabe 3 noch näher erläutert wird, entsprechend einfach imitiert werden können. Demzufolge haben es Banken, Versicherungen, Reisebüros o. ä. umso schwerer sich von ihren Konkurrenten abzuheben und sich am Markt differenzierter zu positionieren.[5] Hinzu kommt, dass die Finanzdienstleistungsbranche zu den am härtesten umkämpften Märkten gehört. Die Akquise neuer Kunden und deren langfristige Bindung fällt hier besonders schwer. Im Jahr 2013 lag bei Banken die Kundenfluktuation ungefähr bei 15%, was bedeutet, dass von 100 Kunden ca. 15 Kunden verloren gingen. Die logische Schlussfolgerung daraus ist, dass mindestens die gleiche Anzahl an Neukunden hinzugewonnen werden muss, um den Umsatz zu halten und Verluste zu vermeiden. Allerdings ist die Akquise eines Neukunden mindestens fünfmal teurer als das Halten eines Bestandskunden. Wenn man einen bereits verlorenen Kunden wieder zurückgewinnen möchte, ist der Aufwand sogar noch größer.[6]

Die Festigung der Kundenbeziehung ist daher für viele Banken die einzige Möglichkeit, um sich von der Konkurrenz abzuheben. Dass in die Pflege des Kundenbestands viel Zeit und Arbeit investiert werden muss, haben mittlerweile schon viele Banken, und selbstverständlich auch andere Unternehmen, festgestellt. So hat man anhand von verschiedenen Analysen herausgefunden, dass Unternehmen, die sich auf die Minimierung der Kundenabwanderungen konzentrieren, um ca. 30% schneller wachsen (Stand 2013) als vergleichbare Unternehmen.[7]

A 1.2 Was kann man im Rahmen des strategischen und operativen Dienstleistungsmarketings unternehmen, um Kundenbindung herzustellen?

Wenn ein Kunde von einer Dienstleistung überzeugt ist, dann ist dies zwar schon die halbe Miete, jedoch spricht man hier noch lange nicht von Kundenbindung.[8] Entsprechende Maßnahmen müssen eingeleitet werden, um den Kunden an das

---

[5] Vgl. *Bruhn* (2019), S. 4
[6] Vgl. *FranchisePORTAL GmbH* (o. J.); Vgl. *Goldmarie & Friends GmbH* (o. J.); Vgl. *marketing-BÖRSE GmbH* (2013)
[7] Vgl. *marketing-BÖRSE GmbH* (2013)
[8] Vgl. *Vertical Media GmbH* (o. J.)

Unternehmen zu binden. Im Folgenden werden sowohl strategische wie auch operative Marketingkonzepte vorgestellt, mithilfe derer die Kundenbindung bei Bankdienstleistungen hergestellt und verbessert werden kann. Das strategische Marketing beschäftigt sich dabei mit langfristig orientierten und sehr umfassenden Konzepten und bildet somit das Gegenstück zum operativen Marketing, dass sich mit taktischen Entscheidungen beschäftigt, die kurzfristig oder sogar täglich anfallen können.[9]

Aus strategischer Sicht bildet die **Umsetzung mitarbeitergerichteter Ziele** die Grundlage für eine gute Kundenbindung, denn vor allem in Dienstleistungs-märkten, wie z. B. bei Banken oder im Handel, wo der Anteil an Interaktion mit dem Kunden sehr hoch ist, kommt der Mitarbeiterzufriedenheit eine sehr große Bedeutung zu. Sind die Mitarbeiter eines Unternehmens zufrieden, motiviert und werden in dieser Hinsicht auch kontinuierlich durch Leistungsanreize gefördert, wird dadurch nicht nur die Produktivität und die Leistungsqualität verbessert, sondern auch geringere Fehlzeiten erzielt. Außerdem führt ein positives und mitarbeiterorientiertes Arbeitsumfeld dazu, dass sich die Mitarbeiter langfristig an den Arbeitgeber binden.[10]

Man nimmt deshalb an, dass das Wohlbefinden der Angestellten die Basis für den Aufbau von Kundenzufriedenheit und dementsprechend auch gut für die Kundenbindung ist. Die Theorie, dass zufriedene Mitarbeiter zufriedene Kunden zur Folge haben, bezieht sich in erster Linie auf Dienstleistungen mit häufigem und direktem Kundenkontakt, wie beispielsweise die Beratungsgespräche bei Banken. Laut Forschungsergebnissen führt eine 10%ige Steigerung des Mitarbeiterengagements zu einer 5%igen Steigerung der Servicequalität und somit zu einem 2%igen Umsatzwachstum (Stand 2015).[11]

Im strategischen Dienstleistungsmarketing kann man in wettbewerbsintensiven Märkten, wie z. B. bei Banken, auch eine **Kundenbindungsstrategie** beobachten. Das Ziel hierbei ist eine stabilere und vertrauensvollere Kunden-beziehung.[12]

---

[9] Vgl. *WEKA MEDIA GmbH & Co. KG* (o. J.)
[10] Vgl. *Bareiß/Merk* (2014), S. 61; Vgl. *S.A.S CRITIZR* (2017)
[11] Vgl. *Bareiß/Merk* (2014), S. 61; Vgl. *S.A.S CRITIZR* (2017)
[12] Vgl. *Bareiß/Merk* (2014), S. 68; Vgl. *Bruhn/Meffert/Hadwich* (2019), S. 305

Möchte ein Unternehmen eine Kundenbindungsstrategie anwenden, dann wird zu allererst eine Zielgruppe anhand des jeweiligen Kundenwerts bestimmt. Bisherige Untersuchungen haben gezeigt, dass im breiten Privatkundengeschäft von Banken über 60% der Kundenbeziehungen keinen positiven Deckungsbeitrag aufweisen konnten. Das Augenmerk der Banken liegt daher vielmehr auf der Bindung der Kunden mit einem hohen Kundenwert. Dazu gehören sowohl vermögende Privatkunden als auch Kunden, bei denen in naher Zukunft ein hohes Einkommen erwartet wird.[13]

Aus strategischer Sicht können Banken noch weitere Maßnahmen ergreifen. Im Rahmen der **Leistungspolitik** kann der Dienstleister dem Kunden zur eigentlich gewünschten Kerndienstleistung weitere Zusatzleistungen anbieten und ihn auf diese Weise stärker an das eigene Unternehmen binden. Banken versuchen dem Kunden z. B. beim Erwerb einer Kreditkarte zusätzliche Leistungen, wie Rabatte, Bonusprogramme oder Versicherungen, schmackhaft zu machen. Auf der Kundenseite gilt es hierbei jedoch abzuwägen, ob die angebotenen Zusatzleistungen die Mehrkosten tatsächlich Wert sind.[14]
Im Rahmen der **Distributionspolitik** muss das Unternehmen entscheiden, in welcher Form der Kunde integriert werden soll, denn inzwischen erfolgt dies häufig nur noch über Maschinen oder Automaten. Beispielsweise werden mittlerweile in den Banken die Überweisungen oder Geldabhebungen vorwiegend an Geldautomaten getätigt, ohne dass ein Servicemitarbeiter anwesend sein muss. Im Bereich der Distributionspolitik stehen die Banken deshalb vor der Herausforderung den persönlichen Kontakt zum Kunden, aufgrund der zunehmenden Automatisierung wie auch Digitalisierung in Form von mobilen Banking-Apps, aufrecht zu erhalten. Äußere Faktoren, wie der nahe Standort einer Bankfiliale, können eine große Rolle dabei spielen, den Kunden weiterhin fest an den Dienstleister zu binden.[15]

---

[13] Vgl. *Bareiß/Merk* (2014), S. 68; Vgl. *Bruhn/Meffert/Hadwich* (2019), S. 305; Vgl. *Handelsblatt GmbH* (o. J.)
[14] Vgl. *Bareiß/Merk* (2014), S. 73; Vgl. *Bruhn/Meffert/Hadwich* (2019), S. 328-329; Vgl. *Verivox GmbH* (o. J.)
[15] Vgl. *Bareiß/Merk* (2014), S. 73; Vgl. *Bruhn/Meffert/Hadwich* (2019), S. 329

Eine wichtige Kundenbindungsmaßnahme des operativen Dienstleistungs-marketings ist hingegen die **ständige Erreichbarkeit**. Heutzutage erwarten die Kunden vom Anbieter, dass man sich rund um die Uhr mit Fragen und Problemen in Bezug auf die Dienstleistung an sie wenden kann. Außerdem möchte der Kunde, dass er ohne Wartezeit direkten Zugriff auf seine eigenen Daten bekommt sowie über mobiles Banking schnell, einfach und sicher seine Bankgeschäfte abwickeln kann. Inzwischen ist den Kunden besonders ein erstklassiger Service wichtig, der Schnelligkeit und Qualität bietet. Eine ständige Erreichbarkeit auf allen Kanälen ist für Banken daher eine gute Möglichkeit, die Bindung zum Kunden aufrecht zu erhalten.[16]

Im Bereich der **Kommunikationspolitik** kann man ebenso eine operative Maßnahme zur Kundenbindung finden. Hier steht die Integration des externen Faktors, also die Integration des Kunden, im Vordergrund.[17]
Der Servicemitarbeiter versucht das Beratungsgespräch auf personenbezogene Inhalte zu lenken, um so die Probleme, Wünsche und Anliegen des Kunden in Erfahrung zu bringen. Eine emotionale Kundenbindung wird aufgebaut, aus der für das Unternehmen bestenfalls sogar noch ein ehrliches Feedback resultiert, das der Anbieter zur Weiterentwicklung seiner Serviceleistungen nutzen kann.[18]

Eine weitere operative Maßnahme in der Kommunikationspolitik ist das **Direktmarketing**, das für die Banken immer wichtiger wird, aber von vielen oft noch nicht ausreichend genutzt wird. Obwohl man durch Studien weiß, dass Direktmarketing sogar wichtiger als Internetwerbung ist, werden von den größten Banken Deutschlands gerade einmal 13% der Werbeausgaben in Direkt-marketingaktivitäten investiert (Stand 2013). Jedoch hat das Direktmarketing auch noch im Jahr 2019 eine nicht zu unterschätzende Wirkung und gehört deshalb für Banken zu einer der effektivsten Werbestrategien.[19]
Als Direktmarketing bezeichnet man die gezielte Einzelansprache eines Kunden. Je nach Art der Erreichbarkeit oder des gewünschten Kommunikationsmittels

---

[16] Vgl. *Goldmarie & Friends GmbH* (o. J.); Vgl. *Management Circle AG* (2016); Vgl. *marketing-BÖRSE GmbH* (2013)
[17] Vgl. *Bareiß/Merk* (2014), S. 99
[18] Vgl. *Bareiß/Merk* (2014), S. 99
[19] Vgl. *B.MOSS GmbH* (2019); Vgl. *Springer Fachmedien Wiesbaden GmbH* (2013)

(Telefon, Brief, E-Mail etc.) erhält der Kunde personalisierte Werbung, die auf seine individuellen Bedürfnisse zugeschnitten ist. Ziel dabei ist eine zielgruppen-spezifische Ansprache ohne Streuverluste mit der Absicht, direkte Kauf-handlungen auszulösen sowie eine intensivere Kundenbindung aufzubauen.[20]

A 1.3 Wo liegen die Grenzen von Kundenbindungsmaßnahmen?

Seit dem Eintreten der Datenschutz-Grundverordnung im Mai 2018 ist für Unternehmen der **Datenschutz** zu einem wichtigen und allgegenwärtigen Thema geworden. Vor allem die Dienstleister werden angesichts des täglichen Kundenkontakts stark mit der Thematik konfrontiert und müssen daher besonders bei der Verarbeitung personenbezogener Daten die vorgegebenen Regularien einhalten. Kundenbindungsmaßnahmen, die persönliche Daten erfordern, können beispielsweise nur dann durchgeführt werden, wenn man sich vom Kunden eine Einwilligung zur Verarbeitung personenbezogener Daten einholt, oder wenn pseudonyme Daten verwendet werden, anhand derer eine Person nicht identifiziert werden kann.[21]

Nicht nur für Banken, sondern auch für jedes andere Unternehmen, stellt der Datenschutz somit eine Grenze der Kundenbindung dar. Willigt ein Kunde nicht in die Verarbeitung seiner Daten ein oder äußert er explizit, keine Kontakt-aufnahme zu Werbungszwecken zu wünschen, so sind den Unternehmen und Dienstleistern die Hände gebunden. Aus diesem Grund lohnt es sich in die Aufklärungsarbeit hinsichtlich des Datenschutzes zu investieren und die Kunden davon zu überzeugen, dass ihre Daten in sicheren Händen sind.[22]

Die Kreditinstitute müssen sich heutzutage auch der Herausforderung stellen, dass die **gestiegene Markttransparenz**, aufgrund neuer informations-technologischer Möglichkeiten, die Wettbewerbssituation verschärft, wodurch die Verhandlungsmacht des Privatkundensektors gestärkt wird.[23]

Man kann daher seit einiger Zeit beobachten, dass besonders bei großen Banken die Wechselbereitschaft der Privatkunden immer weiter zunimmt, sich die

---

[20] Vgl. *Bareiß/Merk* (2014), S. 100; Vgl. *DIM Deutsches Institut für Marketing GmbH* (2017)
[21] Vgl. *Heinz-Roger Dohms* (2018); Vgl. *planet c GmbH* (2019)
[22] Vgl. *Heinz-Roger Dohms* (2018); Vgl. *planet c GmbH* (2019)
[23] Vgl. *Mayer* (2018), S. 28

Bankloyalität hingegen permanent verringert. Denn trotz der gewünschten Digitalisierung stehen ein persönlicher Ansprechpartner, viel Mitspracherecht sowie das Gefühl von emotionaler Nähe bei den Kunden immer noch hoch im Kurs. Seit geraumer Zeit erfüllen all diese Anforderungen vorwiegend nur regional angesiedelte Kreditinstitute, wie z. B. die Sparkassen oder Volksbanken. Allein aufgrund ihrer Größe und der gestiegenen Markttransparenz haben es die Großbanken im Moment deutlich schwerer ihre Kundenbindung weiter auszubauen als kleinere Banken.[24]

Aktuell werden der Kundenbindung auch in anderer Form weitere Grenzen gesetzt, was die Unternehmen vor enorme Herausforderungen stellt und die Kundenbindung deshalb zu einem echten Problem macht.[25]
Zum einen ist die momentane **Dynamik** durch fortwährende Entwicklungs-sprünge und die kontinuierliche Veränderung der Marktanteile in den großen Wachstumsmärkten kaum zu übertreffen und zum anderen machen **anspruchs-volle Kunden** sowie äußerst **bewegliche Zielgruppen** den Unternehmen das Leben zusätzlich schwer. Die Verbraucher lernen mittlerweile sehr schnell dazu, sind wie bereits oberhalb erwähnt wenig loyal und fühlen sich schon frühzeitig sicher genug, um auch unbekanntere Anbieter auszuprobieren. Hinzu kommt, dass es den Unternehmen schwer fällt Markenbindung zu erzeugen. Aufgrund der Tatsache, dass die Kunden auf der Premiumleiter rasch nach oben klettern, steigen die Erwartungen stetig und fördern so den Anbieterwechsel.[26]

---

[24] Vgl. *Mayer* (2018), S. 28; Vgl. *Springer Fachmedien Wiesbaden GmbH* (2016)
[25] Vgl. *Serviceplan Group SE & Co. KG* (2018)
[26] Vgl. *Serviceplan Group SE & Co. KG* (2018)

Aufgabe 2

Psychologische Erklärungsansätze im Dienstleistungsmarketing: Worauf sollte man bei der Vermarktung von Versicherungsdienstleistungen besonders achten?

Im Folgenden werden die psychologischen Erklärungsansätze erläutert, die u. a. die Verhaltensweisen Einzelner beleuchten und somit versuchen, anhand von Ursache und Wirkung, Gründe für das tatsächliche Verhalten von Personen zu eruieren. Die hier beschriebenen psychologischen Ansätze thematisieren ausschließlich die intrapersonelle Ebene im Dienstleistungsmarketing und dienen daher letztlich der Beeinflussung des Kundenverhaltens.[27]

Der Klassiker unter den psychologischen Erklärungsansätzen ist das **Stimulus-Organismus-Reaktions-Schema (S-O-R-Schema)**. Dabei ist "S" der Stimulus, der auf den Organismus wirkt, "O" steht für die intervenierenden Variablen, also die nicht beobachtbaren Zustände und deren Beziehung zum Organismus, sowie "R" für die beobachtbaren Reaktionen.[28]
Tabelle 1 zeigt ein S-O-R-Schema am Beispiel der Versicherungsdienstleistung.

Stimulus (S)	Intervenierende Variablen (O)	Reaktionen (R)
der Versicherungs-mitarbeiter im Kundenkontakt	• die Einstellung zur Dienstleistung • die Zufriedenheit mit dem Angebot • das Vertrauen zum Versicherungs-mitarbeiter	• Vertrag ablehnen • Vertrag abschließen • Weiterempfehlung

Tabelle 1: S-O-R-Schema am Beispiel der Versicherungsdienstleistung
(Quelle: Eigene Darstellung in Anlehnung an Bareiß/Merk, 2014, S. 21 und Meffert/Bruhn/Hadwich, 2018, S. 63)

---

[27] Vgl. *Bareiß/Merk* (2014), S. 20; Vgl. *Meffert/Bruhn/Hadwich* (2018), S. 62-63
[28] Vgl. *Bareiß/Merk* (2014), S. 20-21; Vgl. *Hoffmann/Akbar* (2019), S. 5, 80, 159;
Vgl. *Meffert/Bruhn/Hadwich* (2018), S. 63; Vgl. *Nerdinger/Blickle/Schaper* (2019), S. 360-361;
Vgl. *Walsh/Deseniss/Kilian* (2020), S. 50

Im Dienstleistungsmarketing werden für die Stimuli (S) die entsprechenden Marketingmaßnahmen eingesetzt, die infolge der intervenierenden Variablen (O) dann das jeweilige "Kaufverhalten" (R) auslösen. Am konkreten Beispiel eines Versicherungs-Werbespots verdeutlicht Tabelle 2 das S-O-R-Schema.[29]

Stimulus (S)	Intervenierende Variablen (O)	Reaktionen (R)
Werbespot einer Versicherung	das Erleben der Werbespots geschieht mit Bezug auf: • bisherige Erfahrungen mit ähnlichen Dienstleistungen • zuvor gebildete Meinung hinsichtlich der Versicherung (dem Image, den Preisen o. ä.) • Gefühle: z. B. Erheiterung durch lustige Inhalte des Werbespots	individuelles Kaufverhalten aufgrund der unterschiedlichen Wahrnehmung des Werbespots

Tabelle 2: S-O-R-Schema am konkreten Beispiel eines Versicherungs-Werbespots

(Quelle: Eigene Darstellung in Anlehnung an Bareiß/Merk, 2014, S. 21)

Mittels des S-O-R-Modells versuchen die Unternehmen die Erwartungen und Wünsche jedes einzelnen Kunden zu erkennen, um dann die Marketing-maßnahmen dahingehend auszurichten, dass der Kunde zielgerichtet von ihnen beeinflusst wird.[30]

Ein weiterer psychologischer Erklärungsansatz ist die **Konsumentenforschung**, mithilfe derer die intervenierenden Variablen (O) des S-O-R-Schemas ermittelt werden sollen. Ziel der Konsumentenforschung ist es das Kundenverhalten erklären zu können, Regelmäßigkeiten und Gesetzmäßigkeiten zu erkennen sowie eine Grundlage zu schaffen, um das Konsumentenverhalten prognostizieren und dementsprechend darauf einwirken zu können.[31]

Ursprünglich hat man versucht anhand von Wenn-Dann-Aussagen Hypothesen

---

[29] Vgl. *Bareiß/Merk* (2014), S. 21
[30] Vgl. *Hoffmann/Akbar* (2019), S. 5; Vgl. *Meffert/Bruhn/Hadwich* (2018), S. 63
[31] Vgl. *Bareiß/Merk* (2014), S. 21; Vgl. *Reich/Zerres* (2019), S. 35-36;
Vgl. *Wirtschaftslexikon24.com* (o. J.)

14

aufzustellen, um auf diese Weise ein Totalmodell des Konsumentenverhaltens erstellen zu können, dass jegliches Konsumverhalten der Kunden möglichst umfassend erklärt. Jedoch ist man von dem Vorhaben abgekommen, da sich aufgrund der Unterschiedlichkeit der Branchen, Unternehmen und Konsumenten kein Totalmodell erstellen ließ. Mittlerweile konzentriert sich die Marketingforschung daher nur noch auf einzelne Teilbereiche, die im Dienstleistungsmarketing sowohl bei der Gestaltung von Dienstleistungen angewendet werden, als auch bei der Entwicklung von Geschäftsbeziehungen.[32]

Im Folgenden werden nun die Erkenntnisse aus verschiedenen Bereichen der Konsumentenforschung zusammengefasst, die besonders für das Dienstleistungsmarketing und demzufolge auch für die Versicherungsdienstleistungen relevant sind.[33]

Lerntheorie:

Hierbei werden die Lernprozesse analysiert, die auf den Konsumenten bzw. den Kunden einwirken. Man unterscheidet dabei zwischen automatischen und komplexen Lernvorgängen.[34]

Bei den **automatischen Lernprozessen** werden die Informationen unbewusst aufgenommen und abgespeichert, da in den sogenannten "Low-Involvement"-Situationen (bedeutet soviel wie "geringes Interesse") kein aktives Interesse an den Informationen besteht. Genau in diesen Situationen greift auch die "Mere-Exposure-Hypothese" (bedeutet soviel wie "Effekt des bloßen Kontakts"), die besagt, dass ein Gegenstand umso positiver wahrgenommen wird, je häufiger er einem begegnet. Im Fall der Versicherungsdienstleistungen können die Menschen z. B. überall auf Plakatwerbung, Werbespots, Printanzeigen o. ä. stoßen, dadurch unbewusst die Werbemaßnahmen verinnerlichen und einen positiven Bezug zur Versicherung herstellen. "Low-Involvement"-Situationen bieten daher eine einfache Möglichkeit, um sowohl bei Bestandskunden wie auch bei Neukunden Sympathie und Vertrauen aufzubauen.[35]

Bei den **komplexen Lernprozessen** werden die Informationen hingegen aktiv wahrgenommen und weisen so einen vernunftgesteuerten und kognitiven

---

[32] Vgl. *Meffert/Bruhn/Hadwich* (2018), S. 64
[33] Vgl. *Bareiß/Merk* (2014), S. 21
[34] Vgl. *Bareiß/Merk* (2014), S. 21; Vgl. *Meffert/Bruhn/Hadwich* (2018), S. 64
[35] Vgl. *Bareiß/Merk* (2014), S. 21-22; Vgl. *Meffert/Bruhn/Hadwich* (2018), S. 64

Charakter auf. Das erworbene Wissen wird dementsprechend im Langzeit-gedächtnis abgespeichert. Eine beispielhafte Situation für einen komplexen Lernprozess ist ein Beratungsgespräch bei einer Versicherung, bei dem der "Kaufentscheidung" eine sehr große Bedeutung zukommt. Aus diesem Grund sollten die Marketingmaßnahmen danach ausgerichtet werden, die kognitiven Prozesse der Kunden zu beeinflussen. Dies erreicht man beispielsweise, wenn dem Kunden die Qualifikationen der internen Mitarbeiter, Kundenzufriedenheits-statistiken o. ä. vorgelegt werden. Dadurch schöpft der Kunde Vertrauen und fühlt sich sicher genug eine Versicherung abzuschließen.[36]

Im Dienstleistungsmarketing sollte auch ein besonderes Augenmerk auf das **Verstärkungsprinzip der Lerntheorie** gelegt werden, denn das Handeln eines Kunden richtet sich sehr stark nach den Verhaltensweisen in der Vergangenheit. Ein Verhalten, dass zu einem positiven Erlebnis geführt hat wird demzufolge beibehalten, im Nachhinein als negativ empfundene Reaktionen versucht der Kunde jedoch zu vermeiden. Für den Dienstleistungsbereich bedeutet dies, dass für den Kunden nicht nur die Erfahrungen vor und während der Leistungs-erbringung wichtig sind, sondern vor allem die Erfahrungen nach der Leistungs-erstellung. Besonders die externen Einwirkungen von nahestehenden Personen haben einen großen Einfluss darauf, ob eine Dienstleistung erneut in Anspruch genommen wird. Bei einer Versicherung sollten demnach bereits im Beratungs-gespräch die denkbaren Reaktionen des Umfelds thematisiert, etwaige Zweifel aufseiten des Kunden ausgeräumt und der Kunde darin bestärkt werden, die richtige Entscheidung hinsichtlich der Versicherungsdienstleistung getroffen zu haben.[37]

Risikotheorie:

Die Risikotheorie besagt, dass die Menschen versuchen ihr subjektiv wahrgenommenes Risiko im Hinblick auf einen Kauf bzw. einen Vertrags-abschluss so gering wie möglich zu halten. Das subjektive Risiko berücksichtigt dabei zum einen die negativen Konsequenzen, die aufgrund einer Fehl-entscheidung entstehen können, und zum anderen die Eintrittswahrscheinlichkeit dieser Negativfolgen.[38]

---

[36] Vgl. *Bareiß/Merk* (2014), S. 22; Vgl. *Meffert/Bruhn/Hadwich* (2018), S. 64-65
[37] Vgl. *Bareiß/Merk* (2014), S. 22; Vgl. *Meffert/Bruhn/Hadwich* (2018), S. 65
[38] Vgl. *Bareiß/Merk* (2014), S. 22; Vgl. *Meffert/Bruhn/Hadwich* (2018), S. 65

16

Man muss allerdings anmerken, dass der Wunsch des Kunden nach einer Risikominimierung vor allem dann aufkommt, wenn das Involvement hoch ist, also eine gewisse Toleranzgrenze erreicht wurde. Im Vergleich dazu nehmen die Kunden in "Low-Involvement"-Situationen nur selten ein Risiko wahr, da die Dienstleistung hier sowieso preiswert erscheint. Die negativen Konsequenzen für den Kunden sind funktionelle, finanzielle sowie soziale und psychische Risiken. Im Fall von Versicherungsdienstleistungen kann man dafür folgende Beispiele nennen:[39]

- Funktionell: Umfasst eine Versicherung wirklich alle vom Kunden gewünschten Leistungen?
- Finanziell: Bekommt der Kunde bei der Konkurrenz die gleiche Versicherung doch günstiger?
- Sozial/psychisch: Die eigene Unzufriedenheit oder die ablehnende Haltung von Bekannten hinsichtlich des Versicherungsabschlusses.

Wird demnach bei einem hohen Involvement die Toleranzschwelle überschritten, dann versucht der Kunde verschiedene Risikoreduktionstechniken anzuwenden, wie z. B. einen "Testkauf" zu erzielen, um die Qualität der Dienstleistung besser einschätzen zu können.[40]

Anhand der Risikotheorie kann man verdeutlichen, warum die Kunden mit ein und demselben Dienstleister langfristige Kundenbeziehungen eingehen. Durch die Wiederholung einer vertrauten "Kaufentscheidung" oder einer vertrauten Anbieterwahl kann der Kunde das subjektiv wahrgenommene Risiko so klein wie möglich halten. Nach dem gleichen Prinzip lässt sich auch die Entstehung von Markentreue erklären, die ebenfalls dazu beiträgt, dass vom Kunden wahrgenommene Risiko zu reduzieren.[41]

Dissonanztheorie:

Der Ausgangspunkt der Dissonanztheorie beruht auf der Grundproblematik, dass Anbieter und Nachfrager sich in der Regel auf einem unterschiedlichen Informationsniveau befinden. Im Hinblick auf das Dienstleistungsmarketing

---

[39] Vgl. *Bareiß/Merk* (2014), S. 22-23; Vgl. *Meffert/Bruhn/Hadwich* (2018), S. 65
[40] Vgl. *Bareiß/Merk* (2014), S. 22; Vgl. *Meffert/Bruhn/Hadwich* (2018), S. 65
[41] Vgl. *Bareiß/Merk* (2014), S. 23; Vgl. *Meffert/Bruhn/Hadwich* (2018), S. 66

17

bedeutet dies, dass der Kunde nach einem Kauf bzw. nach einem Vertrags-
abschluss Informationen meidet, die eine Dissonanz, also einen als unangenehm
empfundenen Gefühlszustand, auslösen können. Schließlich wäre es möglich,
dass sich anhand von bestimmten Informationen herausstellt, dass der Kauf bzw.
der Vertragsabschluss eine Fehlentscheidung war, da andere Anbieter für die
gleiche Dienstleistung günstigere Konditionen oder einen größeren Leistungs-
umfang anbieten. Im selben Schritt sucht der Kunde jedoch auch nach Dissonanz
mindernden Informationen, um sich in seiner Entscheidung bestätigt zu fühlen.[42]
Die Aufgabe im Dienstleistungsmarketing und dementsprechend auch bei
Versicherungsdienstleistungen besteht folglich darin, sowohl vor als auch nach
dem "Kaufabschluss" dafür zu sorgen, dass der Kunde die entscheidungs-
relevanten Informationen erhält und diese ausreichend, logisch und
unmissverständlich besprochen werden. Studien zeigen, dass bei den Kunden
nach mehrmaliger Inanspruchnahme einer Dienstleistung nur noch selten
Dissonanzen aufkommen. Die Inhalte der Dissonanztheorie sollten demnach vor
allem bei Neukunden angewandt werden bis sich ein Vertrauensverhältnis
aufgebaut und ein Gewöhnungseffekt eingestellt hat.[43]

Balancetheorie:
Hier stehen die Anliegen der Kunden im Vordergrund, wie z. B. die Werte,
Einstellungen und Überzeugungen. Die Balancetheorie versucht diese mit dem
angebotenen Produkt in Einklang zu bringen und diesen Zustand auch zu halten.
Allerdings kann es besonders im Dienstleistungsmarketing dazu kommen, dass
zwischen Anbieter und Nachfrager Widersprüche auftreten. Diesen störenden
Spannungszustand gilt es zu lösen.[44]
Um das Gleichgewicht wieder herstellen zu können, muss einer der Parteien
seine Einstellungen ändern. Im Dienstleistungsbereich, und demzufolge auch bei
Versicherungen, hat man durch Nachforschungen feststellen können, dass
vorrangig der Kunde seine Einstellungen an die des Dienstleistungsmitarbeiters
anpasst. Begründen kann man dies damit, dass der Dienstleistungsmitarbeiter

[42] Vgl. *Bareiß/Merk* (2014), S. 23; Vgl. *Fischer/Jander/Krueger* (2018), S. 24-25;
Vgl. *Meffert/Bruhn/Hadwich* (2018), S. 66
[43] Vgl. *Bareiß/Merk* (2014), S. 23
[44] Vgl. *Bareiß/Merk* (2014), S. 24; Vgl. *Heckhausen/Heckhausen* (2018), S. 108;
Vgl. *Meffert/Bruhn/Hadwich* (2018), S. 68

selbst und seine Einstellung zum eigenen Unternehmen als Orientierungsgröße für den Kunden dient. Fühlt sich der Mitarbeiter des Dienstleistungs-unternehmens in seinem Arbeitsumfeld wohl, dann strahlt er das nach Außen hin aus. Diese positive Einstellung überträgt sich auch auf den Kunden, bewirkt somit eine unbewusste Anpassungsfähigkeit und verdeutlicht dadurch, wie wichtig es für Dienstleister ist zufriedene, motivierte und positiv auftretende Mitarbeiter zu beschäftigen.[45]

Aufgabe 3

Erläuterung der Merkmale und Besonderheiten von Dienstleistungen am Beispiel einer Gesundheitsdienstleistung

Dienstleistungen im Gesundheitswesen dienen vor allem der Verbesserung des körperlichen, seelischen oder sozialen Wohlergehens und werden daher in Krankenhäusern, Rehazentren, Pflegeanstalten, verschiedenen Arztpraxen o. ä. erbracht. Für die nun folgenden Erläuterungen werden die Dienstleistungen in einem Krankenhaus als anschauliches Beispiel hinzugezogen.[46]

Ein wesentliches Merkmal von Dienstleistungen ist deren **Immaterialität**, da eine Dienstleistung sowohl vor als auch nach ihrer Erbringung nicht sinnlich wahr-genommen werden kann und deshalb im Vergleich zu physischen Produkten weder greif- noch sichtbar ist.[47]
Dienstleistungen führen außerdem immer zu einer Zustandsveränderung. Dementsprechend sollte ein Auto nach einer Reparatur in der Werkstatt wieder einwandfrei fahren können und der Gast nach einem Restaurantbesuch satt sein. In beiden Fällen sind die eigentlichen Dienstleistungen zwar nicht direkt greif- oder sichtbar, jedoch können (Teil-)Ergebnisse der Dienstleistung materiell sein, wie z. B. die verschwundenen Schäden am Auto.[48]

---

[45] Vgl. *Bareiß/Merk* (2014), S. 24; Vgl. *Meffert/Bruhn/Hadwich* (2018), S. 68
[46] Vgl. *DIN e. V.* (o. J.)
[47] Vgl. *Bareiß/Merk* (2014), S. 9, 12; Vgl. *Bruhn/Meffert/Hadwich* (2019), S. 24;
   Vgl. *Döring* (2018), S. 25-27; Vgl. *Merk/Schwekendiek* (2014), S. 16
[48] Vgl. *Bareiß/Merk* (2014), S. 12

Der Kunde nimmt daher bei der Inanspruchnahme einer Dienstleistung immer auch ein besonderes Risiko in Kauf. Er muss auf das Leistungsversprechen des Anbieters vertrauen, da eine vorherige Bewertung der Dienstleistung in der Regel nicht vorgenommen werden kann. Im Nachgang kann man immaterielle Leistungen ebenso schwer beurteilen, denn wie soll ein Patient wissen, ob er nun einen guten oder schlechten medizinischen Rat erhalten hat.[49]

Beispiele für die Immaterialität von Dienstleistungen im Krankenhaus sind zum einen alle Primärleistungen, die zu einer Statusveränderung des Patienten führen, wie die Diagnose, Linderung und Heilung von Krankheiten. Zum anderen sind aber auch die dazu notwendigen Sekundärleistungen, wie Therapie, Pflege und Versorgung während des Krankenhausaufenthalts, immateriell.[50]

Eine weitere Besonderheit von Dienstleistungen ist die **Nichtlagerfähigkeit**, da die Dienstleistung in dem Moment "produziert" wird, in dem sie auch in Anspruch genommen wird. Eine "Vorproduktion" ist letztlich nicht möglich.[51]

In Krankenhäusern kann genau dies jedoch zu Problemen führen, wenn bei einem großen Zulauf an Patienten der hohe Bedarf an Gesundheitsdienstleistungen nicht mehr erbracht werden kann. Da dennoch die medizinische Versorgung gewährleistet sein muss, müssen die Krankenhäuser dafür sorgen, dass es ungeachtet der tatsächlichen Nachfrage genug Kapazitäten gibt. Dementsprechend müssen für den Notfall ausreichend Krankenhausbetten sowie genügend Personal und eine funktionierende medizinisch-technische Infrastruktur vorhanden sein.[52]

Aus der Nichtlagerfähigkeit von Dienstleistungen leitet sich auch deren **Nichttransportfähigkeit** ab. Aufgrund dessen, dass sowohl die Produktion als auch die Konsumption parallel verlaufen (das sogenannte Uno-Actu-Prinzip), ist ein anschließender Transport der Dienstleistung an einen anderen Ort nicht oder nur eingeschränkt möglich.[53]

---

[49] Vgl. *Döring* (2018), S. 27; Vgl. *Merk/Schwekendiek* (2014), S. 16; Vgl. *Raabe* (2015), S. 19
[50] Vgl. *Hentze/Kehres* (2010), S. 56
[51] Vgl. *Bareiß/Merk* (2014), S. 12; Vgl. *Dittmann* (2016), S. 17; Vgl. *Döring* (2018), S. 2;
   Vgl. *Merk/Schwekendiek* (2014), S. 18
[52] Vgl. *Dittmann* (2016), S. 17-18; Vgl. *Schmidt-Rettig/Eichhorn* (2008), S. 84
[53] Vgl. *Bareiß/Merk* (2014), S. 12; Vgl. *Greif/Möller/Scholl* (2018), S. 476;
   Vgl. *Merk/Schwekendiek* (2014), S. 18

Dienstleistungshersteller und Kunde müssen sich zwar zur gleichen Zeit am selben Ort aufhalten, allerdings ist dies nur für die Dauer der Leistungserbringung notwendig. Wenn z. B. ein Arzt für einen Hausbesuch zum Patienten fährt, dann wird lediglich das Leistungspotenzial transportiert, nicht die Dienstleistung selbst. Dasselbe gilt auch für Krankenhausdienstleistungen, obwohl hier strenger vorgegangen wird. Die Untersuchungen, der generelle Aufenthalt des Patienten und die Betreuung sollten nämlich unbedingt im Krankenhaus erfolgen.[54]

Darüber hinaus sind Dienstleistungen **individuell und nur eingeschränkt standardisierbar**.[55]
Da der Kunde zwingend in die Leistungserstellung mit einbezogen werden muss, ist klar, dass jede Dienstleistung einen individuellen Charakter hat. Menschen sind unterschiedlich und verlangen deshalb nach individuellen Lösungen. Beispielsweise können in einem Krankenhaus zwar zwei Patienten jeweils ein gebrochenes Bein oder die gleiche Krankheit haben, jedoch benötigt jeder Patient eine individuelle Therapie, da sich die körperliche Verfassung von Mensch zu Mensch unterscheidet. Eine standardisierte Behandlung bzw. Dienstleistung im Krankenhaus ist demzufolge nur bei grundlegenden Abläufen, wie der Blutabnahme, dem Anlegen eines Verbands o. ä. möglich.[56]

Des Weiteren entstehen Dienstleistungen **bei der Konfrontation durch Anbieter und Nachfrager**.[57]
Wie bereits beim vorherigen Merkmal erwähnt wurde, kann eine Dienstleistung nur erbracht werden, wenn der Kunde bei der Leistungserbringung anwesend ist. Ein Zusammentreffen von Anbieter und Nachfrager ist daher unabdingbar. Nur so können Informationen ausgetauscht, Aufträge abgestimmt und Objekte besprochen werden. Besteht die Dienstleistung z. B. darin, dass ein Kleid umgenäht werden soll, also ein Gegenstand des Kunden bearbeitet wird, dann muss der Nachfrager allerdings nicht bei der ganzen Leistungserstellung anwesend sein, am Abstimmungsprozess sollte er aber in jedem Fall teilhaben.[58]

---

[54] Vgl. *Bareiß/Merk* (2014), S. 12; Vgl. *Bruhn/Meffert/Hadwich* (2019), S. 667; Vgl. *Schmidt-Rettig/Eichhorn* (2008), S. 84
[55] Vgl. *Merk/Schwekendiek* (2014), S. 17
[56] Vgl. *Merk/Schwekendiek* (2014), S. 17
[57] Vgl. *Merk/Schwekendiek* (2014), S. 17
[58] Vgl. *Merk/Schwekendiek* (2014), S. 17

Eine weitere Besonderheit von Dienstleistungen ist, dass sie **durch die Integration des externen Faktors produziert werden**. Dieses Merkmal baut ebenfalls auf dem vorherig beschriebenen Kennzeichen auf.[59] Die Integration des externen Faktors bildet einen wesentlichen Unterschied zwischen der "Produktion" von Dienstleistungen und der Produktion von Sachgütern, die vorwiegend auf Roh-, Hilfs- und Betriebsstoffen basiert. Bei der Produktion von Sachgütern muss der Kunde nicht anwesend sein, bei der "Produktion" einer Dienstleistung dagegen schon. Der Unterschied wird vor allem in einem anderen Punkt noch deutlicher, denn bei der Sachgüterproduktion befinden sich alle notwendigen Produktionsfaktoren im Eigentum des Produzenten. Bei der Dienstleistung hingegen liegt der externe Faktor nicht im Besitz des Anbieters, sondern hier bringt der Nachfrager den Produktionsfaktor (externen Faktor) selber erst in den Dienstleistungsprozess mit ein. Häufig hilft der Kunde sogar bei der Erbringung der Dienstleistung mit, wenn er z. B. dem Friseur die Bürste reicht oder im Restaurant die leeren Teller aufeinander stapelt. Durch die erforderliche Integration des Kunden bei einer Dienstleistung findet somit ein gemeinsamer Wertschöpfungsprozess statt. Aufgrund des externen Faktors haben es Dienstleistungen, im Vergleich zur Produktion von Sachgütern, auch umso schwerer eine konstante Qualität zu gewährleisten.[60]

Im Krankenhaus kann man die Integration des externen Faktors häufig in der persönlichen Interaktion des Patienten wahrnehmen. Da in einem Krankenhaus der Patient den externen Faktor einer Dienstleistung darstellt, sind sowohl das Verhalten des Patienten während der Dienstleistungserbringung entscheidend für das Gelingen der Krankenhausdienstleistung, wie auch das Verhältnis und die sozialen Beziehungen zwischen Arzt, Patient, Pflegepersonal und Mitpatienten wichtige Beurteilungskriterien hinsichtlich der Qualität einer Dienstleistung.[61]

---

[59] Vgl. *Merk/Schwekendiek* (2014), S. 17; Vgl. *Springer Gabler | Springer Fachmedien Wiesbaden GmbH* (o. J.)
[60] Vgl. *Merk/Schwekendiek* (2014), S. 17; Vgl. *Raabe* (2015), S. 8; Vgl. *Springer Gabler | Springer Fachmedien Wiesbaden GmbH* (o. J.)
[61] Vgl. *Wienczierz* (2001), S. 7

Literaturverzeichnis

Bücher:

Bruhn, M. (2019), Qualitätsmanagement für Dienstleistungen, 11. Auflage, Berlin.

Bruhn, M./Meffert, H./Hadwich, K. (2019), Handbuch Dienstleistungsmarketing, 2. Auflage, Wiesbaden.

Dittmann, H. (2016), Märkte für Krankenhausdienstleistungen, 1. Auflage, Wiesbaden.

Döring, St. (2018), Personalmanagement aus Perspektive der Dienstleistungs-forschung, 1. Auflage, Wiesbaden.

Fischer, P./Jander, K./Krueger, J. (2018), Sozialpsychologie für Bachelor, 2. Auflage, Berlin.

Greif, S./Möller, H./Scholl, W. (2018), Handbuch Schlüsselkonzepte im Coaching, 1. Auflage, Berlin.

Heckhausen, J./Heckhausen, H. (2018), Motivation und Handeln, 5. Auflage, Berlin.

Hentze, J./Kehres, E. (2010), Krankenhaus-Controlling, 4. Auflage, Stuttgart.

Hoffmann, St./Akbar, P. (2019), Konsumentenverhalten, 2. Auflage, Wiesbaden.

Mayer, N. (2018), Financial Capability in der Kunde-Bank-Beziehung, 1. Auflage, Wiesbaden.

Meffert, H./Bruhn, M./Hadwich, K. (2018), Dienstleistungsmarketing, 9. Auflage, Wiesbaden.

Nerdinger, F./Blickle, G./Schaper, N. (2019), Arbeits- und Organisations-psychologie, 4. Auflage, Berlin.

Reich, M./Zerres, Ch. (2019), Handbuch Versicherungsmarketing, 2. Auflage, Berlin.

Reichhard, St. (2019), Content Marketing für Regionalbanken, 1. Auflage, Wiesbaden.

Schmidt-Rettig, B./Eichhorn, S. (2008), Krankenhaus-Managementlehre, 1. Auflage, Stuttgart.

Walsh, G./Deseniss, A./Kilian, Th. (2020), Marketing, 3. Auflage, Berlin.

Wienczierz, P. (2001), Prozessuales und dynamisches Erleben der Dienstleistungsqualität im Krankenhaus, 1. Ausgabe, Hamburg.

Studien und Broschüren von Institutionen, Firmen und Verbänden:

Raabe, Th. (2015), Dienstleistungsmarketing und Servicemanagement, Carl von Ossietzky Universität Oldenburg/Center für lebenslanges Lernen, Oldenburg.

Studienbriefe:

Bareiß, A./Merk, J. (2014), Dienstleistungsmarketing, 1. Auflage, Studienbrief der SRH Fernhochschule, Riedlingen.

Merk, J./Schwekendiek, M. (2014), Dienstleistungsmanagement, 4. Auflage, Studienbrief der SRH Fernhochschule, Riedlingen.

Artikel aus dem Internet:

B.MOSS GmbH (2019): Direktmarketing – Der Trick für Banken und Versicherungen, https://b-moss.com/de/direktmarketing-der-trick-fuer-banken-und-versicherungen/, abgerufen am 02.12.2019.

DIM Deutsches Institut für Marketing GmbH (2017): Direktmarketing – Alles Wissenswerte zur individualisierten Ansprache Ihrer (potenziellen) Kunden, https://www.marketinginstitut.biz/blog/direktmarketing/, abgerufen am 02.12.2019.

DIN e. V. (o. J.): Gesundheitsdienstleistungen, https://www.din.de/de/service-fuer-anwender/normungsportale/dienstleistungsportal/dienstleistungsfelder/gesundheitsdienstleistungen, abgerufen am 27.11.2019.

FranchisePORTAL GmbH (o. J.): Kundenbindung, https://www.franchiseportal.de/wissen-fuer-gruender/glossar/kundenbindung-a-4929.html, abgerufen am 30.11.2019.

Goldmarie & Friends GmbH (o. J.): 3 bewährte Tipps für eine erfolgreiche Kundenbindung, https://www.goldmarie-friends.de/de/blog/wie-moderne-kundenbindung-von-morgen-aussieht-teil-1/, abgerufen am 02.12.2019.

Handelsblatt GmbH (o. J.): Privatbanken kämpfen um vermögende Kunden, https://www.wiwo.de/unternehmen/banken-privatbanken-kaempfen-um-vermoegende-kunden-seite-2/5593686-2.html, abgerufen am 02.12.2019.

Heinz-Roger Dohms (2018): Wir Banken zum Datenschutz-Beauftragten ihrer Kunden werden, https://www.finanz-szene.de/digital-banking/wie-banken-zum-datenschutz-beauftragten-ihrer-kunden-werden/, abgerufen am 03.12.2019.

Management Circle AG (2016): Die Säulen der Kundenbindung – Diese 3 Dinge wollen Verbraucher von Banken, https://www.management-circle.de /blog/kundenbindung-verbraucher-banken/, abgerufen am 02.12.2019.

marketing-BÖRSE GmbH (2013): Kundenbindung ist für den Unternehmenserfolg maßgeblich, https://www.marketing-boerse.de /fachartikel/details/1320-kundenbindung-ist-fuer-den-unternehmenserfolg -massgeblich/42397, abgerufen am 30.11.2019.

Onpulson.de GbR (o. J.): Kundenbindung, https://www.onpulson.de /lexikon/kundenbindung/, abgerufen am 30.11.2019.

planet c GmbH (2019): Datenschutzkonformer Aufbau von Kundenbindungs- programmen – die wichtigsten Fragen, https://www.handelsjournal.de/ blog/kathrin-schuermann/datenschutzkonformer-aufbau-von- kundenbindungsprogrammen-die-wichtigsten-fragen.html, abgerufen am 03.12.2019.

S.A.S CRITIZR (2017): Warum ist die Zufriedenheit der Mitarbeiter wesentlich? https://business.critizr.com/de/blog/warum-ist-die-zufriedenheit-der- mitarbeiter-wesentlich, abgerufen am 02.12.2019.

Serviceplan Group SE & Co. KG (2018): Die zweite Konsumwelle einfangen – Kundenbindung als besondere Herausforderung, https://serviceplan.blog/ de/2018/06/kundenbindung-herausforderung/, abgerufen am 03.12.2019.

Springer Fachmedien Wiesbaden GmbH (2013): Banken lassen Potenzial im Direktmarketing ungenutzt, https://www.springerprofessional.de/ bankstrategie/finance---banking/banken-lassen-potenzial-im- direktmarketing-ungenutzt/6597834, abgerufen am 02.12.2019.

Springer Fachmedien Wiesbaden GmbH (2016): Wechselbereitschaft von
Bankkunden steigt, https://www.springerprofessional.de/
bankvertrieb/kundenzufriedenheit/wechselbereitschaft-von-bankkunden-
steigt/10097316, abgerufen am 03.12.2019.

Springer Gabler | Springer Fachmedien Wiesbaden GmbH (o. J.):
Dienstleistungsmarketing, https://wirtschaftslexikon.gabler.de/definition
/dienstleistungsmarketing-27309, abgerufen am 29.11.2019.

Verivox GmbH (o. J.): Kreditkarten mit Zusatzleistungen, Sonderrabatten und
Bonusprogrammen, https://outbankapp.com/de/finanzberater/
kreditkarten-zusatzleistungen/, abgerufen am 02.12.2019.

Vertical Media GmbH (o. J.): Kundenbindung, https://www.gruenderszene.de
/lexikon/begriffe/kundenbindung?interstitial, abgerufen am 30.11.2019.

WEKA MEDIA GmbH & Co. KG (o. J.): Marketing – Strategien, Begriffe und
Bewertung, https://www.foerderland.de/managen/marketing/#c34476,
abgerufen am 01.12.2019.

Wirtschaftslexikon24.com (o. J.): Konsumentenverhaltensforschung,
http://www.wirtschaftslexikon24.com/d/konsumentenverhaltensforschung/
konsumentenverhaltensforschung.htm, abgerufen am 08.12.2019.

BEI GRIN MACHT SICH IHR
WISSEN BEZAHLT

- Wir veröffentlichen Ihre Hausarbeit,
  Bachelor- und Masterarbeit

- Ihr eigenes eBook und Buch -
  weltweit in allen wichtigen Shops

- Verdienen Sie an jedem Verkauf

Jetzt bei www.GRIN.com hochladen
und kostenlos publizieren